Made in the USA
Monee, IL
15 December 2021

85458995R00057